Diario del poeta

RIMAS

Alma Flor Ada • F. Isabel Campoy

Ilustrado por Javier Fregoso y Manuel Alejandro Salgado

ALFAGUARA

INFANTIL Y JUVENIL

Art Director: Felipe Dávalos
Design: Gloria Calderas
Editor: Norman Duarte

Santillana USA Publishing Company, Inc.
2105 NW 86th Avenue
Miami, FL 33122

Cover: Felipe Dávalos

Poetry C: *Rimas*

ISBN: 1-58105-406-8

Printed in Mexico

ACKNOWLEDGEMENTS

Page 10 / Ernesto Galarza, "El tigre" from *Zoo-Risa*, Editorial Almadén. "Las rosas" from
Poemas pequeñitos / Very Very Short Nature Poems, Editorial Almadén. "Mi alcancía" from
Más poemas párvulos, Editorial Almadén. Copyright © Ernesto Galarza. Extensive research
failed to locate the copyright holder of these works.
Page 20 / Isabel Freire de Matos, "Mi caballo" from *Ritmos de tierra y mar*: *Poesía para
niños*, Instituto de Cultura Puertorriqueña. "La araña" from *La poesía y el niño*, Instituto
de Cultura Puertorriqueña. Copyright © Instituto de Cultura Puertorriqueña, San Juan,
Puerto Rico. Permission to use these works is pending.

Page 9 / Diego Rivera, *Niña de la paz*, 1954. Copyright © 2000 Reproduction authorized by
the Instituto Nacional de Bellas Artes y Literatura and Banco de México, Fiduciario en el
Fideicomiso relativo a los Museos Diego Rivera y Frida Kahlo.
Page 17 / Francisco de Goya, *Muchachos cogiendo fruta*. Copyright © Museo del Prado
Madrid. All rigths reserved. Reprinted by permission of Museo del Prado.

Índice

Un poeta

Un poeta **juega**,
juega con las palabras.

La **i** es un palito
muy derechito,
que sobre la cabeza
lleva a un mosquito.

Poema tradicional

Un poeta **canta**,
canta con las palabras.

Cu, cú, cantaba la rana,
cu, cú, debajo del agua.

Poema tradicional

Un poeta **pinta**,
pinta con las palabras.

Doraba la luna el río...

Juan Ramón Jiménez

Un poeta **inventa**,
inventa con las palabras.

Un pájaro juguetón
aterrizó en la pista
fingiendo que era un avión.

F. Isabel Campoy

Un poeta **escucha**,
escucha sus sentimientos.

Papá quiero pedirte algo:
quiero pedirte un beso,
pequeñito y sabroso,
para poderlo guardar.

F. Isabel Campoy

Ven a jugar, cantar,
pintar, inventar, escuchar, y sentir.

¡Vamos a ser poetas!

De un poema nace otro

Lee este poema:

Pasteles de miel

F. Isabel Campoy

Uno, dos, tres
boquita y mantel
para mi hermanito
pasteles de miel.

Completa tu poema.
Uno, dos, tres
boquita y mantel

para _____
pasteles de miel.

·6·

Yo

Me llamo _____ .

Tengo ____ años.

Éste es mi libro de poesía.
Mi diario del poeta.

Éste es mi retrato:

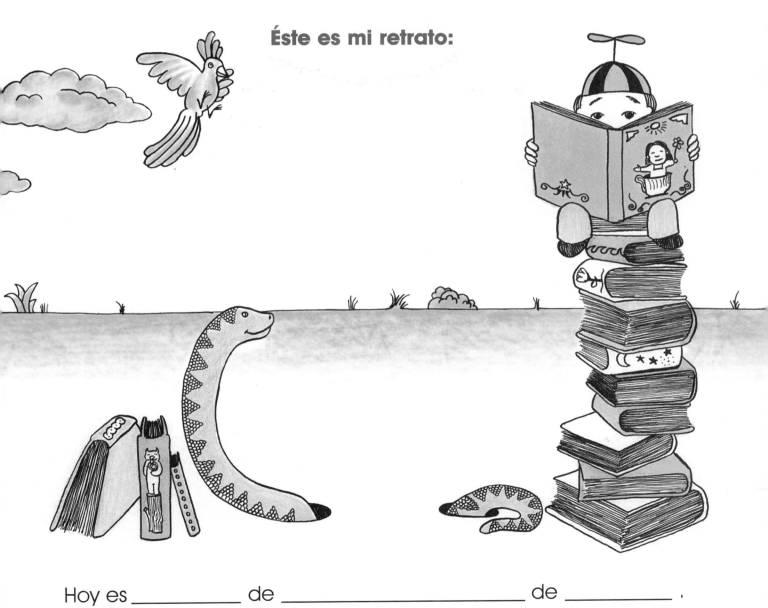

Hoy es _____ de _____ de _____ .

Tú y yo

Niña del vestido azul,
niña de los lirios blancos.
Tú tienes una paloma;

yo tengo _____
Te gustan las flores;

me gustan _____
Quieres a tu perro;

yo quiero a _____
Tú eres la niña de la Paz.

Yo soy _____ niñ _____ de_____ .

| la esperanza | la alegría | la justicia | la risa | el futuro | los sueños |

Niña de la Paz

Diego Rivera, *Niña de la paz*.

De la mano de Ernesto Galarza

Ernesto Galarza
nació en México.

Vivió muchos años
en los Estados Unidos.

Escribió poemas
divertidos en español
y en inglés también.

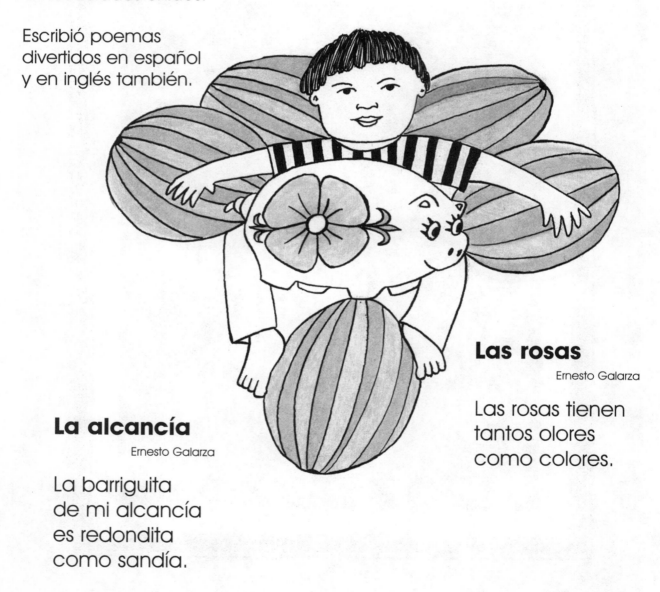

La alcancía
Ernesto Galarza

La barriguita
de mi alcancía
es redondita
como sandía.

Las rosas
Ernesto Galarza

Las rosas tienen
tantos olores
como colores.

Copia aquí un poema de Ernesto Galarza.

_____

_____

_____

_____

Haz un dibujo para el poema.

El Tigre

Ernesto Galarza

Al tigre, no,
no se le toca
ni por la cola
ni por la boca
ni por curiosidad
ni por casualidad.

Y ahora tú.

Escoge a dos animales y escribe tus propios poemas.

El _____ .

Al _____ , no,

no se le toca

ni por la _____

ni por la _____

ni por curiosidad _____
ni por casualidad.

La _____

A la _____ , no,

no se le toca

ni por la _____

ni por la _____

ni por curiosidad

ni por casualidad.

Animalerías

Escribe en las lineas en blanco tus propios poemas sobre el oso, el gato y la ballena usando las listas de la página siguiente.

Blanco
grande, peludo y fuerte
en la nieve,
el oso.

_____

_____

_____

_____

Negro
pequeño, mimoso y suave
en mi patio,
el gato.

_____

_____

_____

_____

Azul,
gigante, comilona y solitaria
en el mar,
la ballena.

_____

_____

_____

_____

colores

amarillo - amarilla
anaranjado - anaranjada
blanco - blanca
morado - morada
negro - negra
rojo - roja
azul
verde

cualidades

alto - alta
amistoso - amistosa
bonito - bonita
divertido - divertida
goloso - golosa
lento - lenta
manso - mansa
peligroso - peligrosa
pequeño - pequeña
rápido - rápida
feliz
veloz

lugares

en el árbol
en el bosque
en la casa
en el cielo
en el jardín
en el mar
en la pecera

animales

el águila	el muerciélago
la ardilla	el pájaro
el conejo	el perro
la cebra	el pez
la jirafa	el tiburón
la lagartija	la tortuga
el loro	el tucán

Escribe tu propio poema sobre un pájaro y un perro.

_____   _____

_____   _____

_____   _____

_____   _____

Amigos

Tienes amigos,
juegan contigo.
Tengo amigos,
juegan conmigo.

Corren,

corremos,

saltan,

_____,

cantan,

_____.

Tienes amigos,

juegan _____.

Tengo amigos,

juegan _____

Muchachos cogiendo fruta

Francisco de Goya, *Muchachos cogiendo fruta*.

De un poema nace otro

Lee este poema.

¡Qué bonito
es vivir!

Correr, nadar, saltar,
conversar y reír;
leer, jugar, cantar,
¡qué bonito es vivir!

Alma Flor Ada

Completa tu poema.

correr, _____ , saltar,

_____ , y reír,

leer, _____ , cantar,

¡qué bonito es vivir!

| escribir | dibujar | aprender | soñar | compartir | disfrutar | hablar | pintar |

Imágenes

El puente une dos orillas de un río.
La imaginación es el puente del poeta.
El poeta une con palabras cosas muy distintas.

El pelo de mi abuela es blanco
como algodón de azúcar.

F. Isabel Campoy

Crea puentes para estas palabras.

Corro tan rápido como

_____

El conejito es tan suave como

_____

La luna, lunota, es tan grande como

_____

La mariposa bate las alas como

_____

El sol es como

_____

De la mano de Isabel Freire de Matos

Isabel Freire de Matos
nació en Puerto Rico
en 1915.

Escribe poemas,
cuentos y teatro
para niños.

Los niños y las niñas
la quieren mucho.

La araña
Isabel Freire de Matos

Teje la arañita
Su plateada red.
Se cae con la lluvia
Y empieza otra vez.

Mi caballo
Isabel Freire de Matos

Caballito zaino,
manso y corredor,
cruza la llanura
vibrante de sol.

¡Pacatás, pacatás!
Pacatás, tas, tas!

Tu suave pelaje
brille de sudor
y en tu crin ondule
el viento veloz.

¡Pacatás, pacatás!
Pacatás, tas, tas!

Allá en la montaña
del cafeto en flor,
blancos manantiales
calmen tu calor.

¡Pacatás, pacatás!
Pacatás, tas, tas!

Copia aquí una estrofa de un poema de Isabel Freire de Matos:

Haz un dibujo para tu poema.

Poemas de niños autores
para niños autores

Cuando tú cantas

María, 10 años

Cuando tú cantas,
canta una rosa.
Cuando tú lloras,
canta una rosa.

Cuando tú sueñas,
canta una rosa.
Cuando tú sonríes,
canta una rosa.

Cuando tú cantas,
cuando tú lloras,
cuando tú sueñas,
cuando tú sonries,
canta una rosa.

Ahor a tú.

_____

_____

_____

_____

_____

_____

_____

_____

Para leer más poesía

Ya eres poeta. Hay muchos poemas que te van a gustar.
Éstos son algunos de los libros donde los encontrarás.

Antologías

(Libros en que se reúnen poemas de varios autores.)

Alma Flor Ada, *·Días y días de poesía·*
Alma Flor Ada y F. Isabel Campoy, *·Verde limón·*
Alma Flor Ada y F. Isabel Campoy, *·La rama azul·*
Alma Flor Ada y F. Isabel Campoy, *·Sigue la música·*
Alma Flor Ada y F. Isabel Campoy, *·Con ton y son·*
Alma Flor Ada y F. Isabel Campoy, *·Do, re, mi, ¡Sí, sí!·*
Antonio Granados, *·Versos de dulce y de sal·*
Ana Pelegrín, *·Poesía española para niños·*

Poemarios

(Libros de poesía de un solo autor.)

Francisco Alarcón, *·Jitomates verdes y otros poemas·*
David Chericián, *·Juguetes de palabras·*
      ·Trabalenguas·
Arturo Corcuera, *·El libro de las adivinanzas·*
      ·Noé delirante·
Jaime Ferrán, *·Mañana de parque·*
Angela Figuerc ^ymerich, *·Cuentos tontos para niños listos·*
Carlos Murciano, *·La bufanda amarilla·*
      ·La niña calendulera·
      ·Duende o cosa·
Antonio Ramírez Granados, *·¿Te canto un cuento?·*
María Elena Walsh, *·Zoo Loco·*
      ·El Reino del revés·